A LA MÉMOIRE

DE

M. le Comte A. DE CORNULIER

Sénateur de la Vendée

---

18 FÉVRIER 1886

LA ROCHE-SUR-YON
VEUVE EUGÈNE IVONNET, IMPRIMEUR
15, rue Lafayette, 15

1886

A

LA MÉMOIRE

DE

M. LE COMTE A. DE CORNULIER

SÉNATEUR DE LA VENDÉE

LA ROCHE-SUR-YON
VEUVE EUGÈNE IVONNET, IMPRIMEUR
15, rue Lafayette, 15

1886

On lit dans le *Publicateur,* journal de la Vendée, du 17 février 1886 :

« La mort vient de faire encore un vide cruel dans la représentation de la Vendée.

« M. le comte Auguste de Cornulier, sénateur, conseiller général du canton de Montaigu, maire de Saint-Hilaire-de-Loulay, est mort, à Paris, samedi matin, des suites d'une grave maladie qui, depuis quelque temps déjà, était l'objet des inquiétudes de sa famille et de ses amis.

« La mort de M. le comte de Cornulier est une perte sensible pour les assemblées dont il faisait partie et où son impartialité, sa longue expérience, sa connaissance approfondie des affaires étaient grandement appréciées, comme aussi pour le parti monarchique conservateur qui l'avait choisi, naguère, pour président de son Comité.

« Notre regretté sénateur avait fait d'excellentes études et il en avait gardé un goût marqué pour les lettres qui se révéla plus d'une fois dans ses paroles et dans ses écrits. Fidèle aux traditions de sa famille, il se sentait cependant plus particulièrement attiré par la carrière des armes ; c'est ainsi qu'il entra comme élève à l'Ecole des pages de S. M le roi Charles X ; il y resta jusqu'en 1830, époque à laquelle l'école fut supprimée, et où il rentra dans la vie civile.

« M. Auguste de Cornulier est mort comme il avait vécu, c'est-à-dire en chrétien ; il a vu approcher le terme de sa vie avec le calme que donne l'espérance en la Miséricorde Divine et c'est en pleine connaissance qu'il a reçu les suprêmes consolations de la Religion. Les habitants de l'excellente commune de Saint-Hilaire-de-Loulay n'oublieront pas les bons exemples que le châtelain de La Lande leur a donnés pendant de longues années et la reconnaissance de tous entourera la mémoire de celui qui fut leur conseil, leur bienfaiteur, leur ami.

« Puissent tous ces témoignages d'estime et de regrets adoucir la douleur d'une famille éprouvée par des deuils si récents et si répétés. »

« Voici en quels termes le Président du Sénat a rendu hommage à la mémoire de notre regretté sénateur :

« MESSIEURS LES SÉNATEURS,

« Je viens de recevoir, à l'instant, la triste nou-
« velle de la mort de l'un de nos collègues, M. le
« comte de Cornulier, sénateur de la Vendée,
« depuis 1876.

« M. le comte de Cornulier était né en 1812. Il
« s'était beaucoup occupé des affaires de son dépar-
« tement, et, en 1868, il avait été nommé membre
« du Conseil général de la Vendée. M. de Cornu-
« lier, par modestie, n'a pas joué, au Sénat, le rôle
« qui lui était dû par ses connaissances, son expé-
« rience et son talent d'exposition. Vous vous rap-
« pelez, Messieurs, cette physionomie calme et
« bienveillante ; vous vous souvenez de l'attention
« que M. de Cornulier apportait à nos débats, qu'il
« écoutait sans jamais interrompre. Il obéissait à
« de vieilles et profondes convictions, par-dessus

« tout honorables et respectables. (Très bien ! très « bien !)

« J'adresse, au nom du Sénat, des paroles sym- « pathiques à sa famille, et lui exprime les regrets « que nous éprouvons tous de la disparition de « cet excellent collègue. (Très bien ! très bien ! et « applaudissements unanimes). »

On lit dans le même journal du 21 février :

« Les obsèques de notre regretté sénateur, M. le Cte Auguste de Cornulier, ont eu lieu à St-Hilaire-de-Loulay, jeudi dernier, au milieu d'un immense concours de parents et d'amis venus de tous les points de la Vendée et des départements voisins pour se joindre au deuil d'une famille si douloureusement éprouvée, et, nous devons le dire, au deuil de toute une population qui pleure à juste titre, et pleurera longtemps encore l'homme dévoué qu'elle a perdu.

« Cette excellente population, si attachée aux souvenirs et aux traditions royalistes, a rendu un solennel hommage à la mémoire de l'ancien page du roi Charles X, à la mémoire du gentilhomme fidèle qui, en 1832, faillit tomber victime d'un coup de feu tiré à bout portant, et paya de sa liberté son courage dans la défense du droit, comme à celle de l'homme public, de l'administrateur éclairé qui, pendant de longues années, a rendu à son pays de si nombreux et si intelligents services.

« Le deuil était conduit par MM. Louis et Charles de Cornulier, fils du défunt, par ses gendres,

MM. O. Boux de Casson, conseiller général de la Vendée, et de Mauduit, par M. le comte Hi de Cornulier, conseiller général de la Loire-Inférieure, et les vicomtes Christian et Roger de Villebois-Mareuil.

« Les coins du poële étaient tenus par MM. Gaudineau, sénateur, président du Conseil général, Emmanuel Halgan, sénateur, Bourgeois, de Cazenove de Pradine, députés, Lefeuvre, adjoint de Saint-Hilaire-de-Loulay, et par un métayer de la maison. Nous avons remarqué, en outre, dans l'assistance : MM. de Baudry d'Asson, de Maynard de la Claye, députés. Le baron de la Tour du Pin, Gustave Chevallereau, Th. de Tinguy, de Lavrignais, de la Grandière, membres du Conseil général; Hi de Suyrot, Lis de la Roche-Saint-André, de Guerry de Beauregard, Guyétant, conseillers d'arrondissement ; Morin d'Yvonnière, le Bon du Landreau, anciens conseillers généraux, le Mis de Ternay, conseiller général de la Loire-Inférieure, Lequen d'Entremeuse, conseiller d'arrondissement, le Cte Amédée de Béjarry, le Cte de Lespinay, Poydras de la Lande, Coutansais, ancien secrétaire général ; de Villeroche, de Puitesson, Blampain, le Vte Armand de Lespinay, de Montgermont, Adrien de Chasteigner, de Gazeau, Gabriel de Fontaine, Alexis de Lespinay, Claude de Monti, Vte de Beaumont, S. de Beaumont, Gilbert de Ponsay, Couëspel, Le Pot, Le Maignan de l'Ecorce, Lefeuvre fils, Alexis des Nouhes, Cte de Colbert, etc., etc. »

DISCOURS

DE

M. GAUDINEAU

Sénateur

Président du Conseil général

Cher collègue, digne ami,

Avant que la terre ne recouvre les restes mortels de celui que nous avons tant aimé, je viens, le cœur navré par le chagrin, en mon nom personnel, au nom du Conseil général, au nom du Comité conservateur que vous présidiez avec tant de sagesse et de modération, et je puis ajouter sans crainte, au nom du département de la Vendée tout entier, vous adresser nos sincères et suprêmes adieux.

Comte Auguste de Cornulier dont la mort inattendue est venue plonger dans la désolation votre honorable famille et nous tous vos vieux et fidèles amis, vous étiez du nombre de ces vaillants soldats qui, pour servir leur pays et remplir leur devoir, tombent victimes de leur dévouement. Oui, cher ami, vous étiez de ce nombre et, comme eux, vous succombez comme succombent ces grands cœurs qui, oubliant les services qu'ils ont rendus, n'ont jamais songé qu'à ceux qu'ils peuvent rendre encore.

Maire de Saint-Hilaire-de-Loulay, vous étiez le conseil, le bienfaiteur de tous ceux qui vous entouraient.

Au Conseil général, je n'ai pas à parler de l'autorité que vous y exerciez ; votre réputation avait depuis longtemps franchi les portes de cette enceinte où nous étions si heureux de vous rencontrer et d'adopter les avis émanant d'un cœur si franc, si loyal.

Que de fois, dans nos réunions, nous avons été heureux d'écouter cette voix si vraie, si conciliante qui toujours conduisait à une solution heureuse les questions les plus difficiles à résoudre. Vous étiez placé au-dessus de toutes les passions ; vous dominiez ainsi le présent et prépariez l'avenir.

Votre trop courte carrière a été un exemple pour tous ; vos vertus, votre courage ont déjà obtenu la récompense que Dieu réserve à ceux qui, comme vous, vivent et meurent en véritables chrétiens.

Oui, cher collègue, en voyant autour de cette tombe encore ouverte, la foule éplorée qui s'y presse pour rendre les derniers devoirs à celui que nous pleurons, vous jugerez par vous-même l'estime immense dont vous jouissiez dans notre bonne Vendée.

DISCOURS

DE

M. EMMANUEL HALGAN

Sénateur

MESSIEURS,

Il y a trois jours, un des membres de la Haute Assemblée à laquelle appartenait M. le comte de Cornulier, apprenant la mort de ce dernier, disait en ma présence, avec un accent de conviction profonde : « J'avais des opinions différentes des « siennes, mais je professais pour lui le plus grand « respect. » Cette déclaration si spontanée se retrouva bientôt sur toutes les lèvres. Amis comme adversaires politiques, s'accordèrent pour déplorer la disparition de celui qui nous était si cher. Ce fut, pour ainsi parler, parmi ses collègues du Sénat, comme un concert de louanges et de regrets. Témoin de cette scène touchante, j'ai cru de mon devoir de la reproduire ici et de vous affirmer que là-bas, à Paris, vous aviez été dignement représentés.

De ce sentiment de respect, de ces regrets unanimes, il est facile de découvrir la source. On voulait tout d'abord rendre un hommage éclatant à l'intelligence véritablement remarquable de M. de Cornulier. Ils sont nombreux ceux qui, réunis dans cet enclos funèbre, ont eu jadis la faveur de prendre part à l'une de ces longues causeries qu'il aimait à entamer. Je les prie de recueillir leurs souvenirs et je leur demande s'il n'y avait pas un charme tout particulier à le suivre tantôt appréciant les évènements passés et présents avec une clarté de vue indiscutable, tantôt s'élevant vers des sphères plus hautes et se livrant à des spéculations philosophiques...

Beaucoup n'auraient eu souci de ce trésor à eux confié par les mains de la Providence. Telle ne fut pas l'attitude de M. de Cornulier : il pensa qu'il était obligé de servir son pays. Vous savez, messieurs, le soin qu'il apporta, durant des années, à la discussion des affaires de sa commune ; vous n'ignorez pas davantage qu'il fut, au Conseil général, depuis 1868, non-seulement le défenseur jaloux de nos intérêts financiers, mais aussi l'infatigable champion de nos grandes causes sociales et religieuses. Vous le retrouvez enfin, à partir de 1876, transporté sur une scène plus vaste, au Sénat, par le vœu, j'allais dire par l'ordre de ses concitoyens. Que d'actes de dévouement il a accomplis dans ces différents postes ! Que d'occasions de montrer la fermeté de ses convictions !

J'insiste sur ces derniers mots, car n'est-il pas vrai, messieurs, que devant une tombe entr'ouverte, à ce moment où tout voile se déchire, où toute illusion se dissipe, on ne vient pas entendre un éloge ; on a surtout le désir de recueillir des exemples salutaires. Or, il m'est bon de reconnaître que, à côté de tant de roseaux qui oscillent et s'inclinent au moindre souffle, poussent aussi des chênes, résistant ceux-là à toutes les tempêtes. M. de

Cornulier fut semblable à l'un de ces chênes. Rien n'égalait sa vaillance pour le soutien de ses opinions ; il apportait à l'accomplissement de cette tâche presque du scrupule.

Singulier, ou plutôt admirable contraste ! A tant de fermeté, notre regretté collègue joignait une douceur spéciale. Lui qui n'aurait laissé à aucun prix entamer le cercle de ses idées, il était indulgent pour les erreurs d'autrui. Lui qui marchait toujours dans la voie droite, il ne jetait jamais la pierre aux malheureux égarés ! Il était pris comme d'une immense pitié pour le genre humain ! Chose encore plus rare ! Il aimait à reconnaître le mérite partout où il le rencontrait. C'est ainsi qu'il a trouvé la clef de bien des cœurs ; c'est ainsi qu'il nous a fourni les signes les plus certains de sa supériorité.

Mais cette douceur spéciale, ce calme, cette fermeté, toutes ces qualités éminentes de M. de Cornulier, eurent une occasion nonpareille de se manifester. Ce fut pendant la lutte qui précéda son dernier jour. Cette lutte, dont je fus le spectateur ému et dont le souvenir laissera dans mon âme des traces ineffaçables, dura deux mois. Pendant deux mois, la mort resta assise à sa porte, le guettant, l'invitant à la suivre. Pouvait-il répondre avec joie à son appel ? Non. Tant de liens l'attachaient à la terre. Il lui eut été difficile de briser de plein gré le cœur de la compagne de sa vie, de celle qui l'assistait avec une angélique bonté. Il se contentait d'écarter, comme une importune, la sombre visiteuse. Mais, quelles que fussent ses souffrances, on n'entendit sortir de sa bouche ni un murmure, ni même une plainte. Que sont les audaces vaniteuses des philosophes stoïciens, auprès de la majesté de ce chrétien mourant? — Il succomba enfin, gardant toujours pleine possession de lui-même, les yeux levés vers le Ciel, adressant à ses enfants, accourus près de lui, ces derniers mots : C'est la mort !

Non. Ce n'était pas la mort pour vous, mon digne et respecté collègue ! C'était la vie ; c'était la lumière, la satisfaction donnée à vos aspirations intellectuelles, la joie immense pour votre cœur ; c'était, en un mot, la récompense due à vos mérites !

A nous, au contraire, il appartient de demeurer en face de notre tristesse.

J'ai vainement essayé de vous décrire celle que je ressentais si profondément ; j'ai été également l'imparfait interprète des collègues désolés assis au Sénat près de M. de Cornulier. Là se bornera ma tâche.

J'adresserai seulement un seul mot aux habitants de Montaigu et de Saint-Hilaire-de-Loulay. Ah ! pleurez, leur dirai-je. Votre douleur est légitime ; elle contient le plus complet éloge funèbre de celui qui, privé de mourir au milieu de vous, a voulu tout au moins y dormir son dernier sommeil. Il était inutile, à l'instar des anciens, de placer sa tombe sur le bord de la route, d'inviter le voyageur à s'y arrêter. Vous saurez bien la retrouver, afin de vous recueillir, si vous vous sentez ballotés par la destinée, — afin de vous fortifier si vous succombez sous le poids du jour, — afin de prier si vous comprenez la nécessité d'un défenseur.

Et nous, membres de la grande famille vendéenne, nous qui venions naguère de subir de si cruelles épreuves, qui avions vu tomber, il y a quelques semaines à peine, nos frères les meilleurs dont le front était couronné de l'auréole du talent ou de la flamme du génie, — nous qui, aujourd'hui, perdons notre guide le plus sûr, le plus éclairé, le plus aimé, nous aussi, pleurons, mais en même temps armons-nous de courage, car, si celui qui fait l'objet de nos regrets pouvait revenir au milieu de nous, il nous répéterait de sa voix grave : La France est la patrie de l'Espérance, mais c'est en Vendée surtout que cette admirable vertu doit recevoir asile.

DISCOURS

DE

M. LE Dʀ PAUL BOURGEOIS

Député

Messieurs,

La dernière prière vient d'être prononcée, parole de foi, parole d'espérance, parole d'affection : qu'il repose en paix !..

La Religion, dans cet asile de la mort, au pied de cette croix qui domine tout, nos tristesses comme nos joies, nos honneurs, nos discussions, nos divisions, la Religion, notre mère, devrait avoir le dernier mot, et nos voix profanes paraissent toujours bien mesquines, bien déplacées, peut-être, en face de la fosse que le prêtre vient de bénir.

A quoi bon rouvrir l'histoire de la vie publique, de la vie humaine, vie publique, vie privée, alors que le ministre de Dieu vient d'ouvrir le ciel au pauvre mort que nous aimions !

Et pourtant, c'est l'usage : un dernier cri du cœur, un dernier adieu doit être adressé, au nom de tous, à celui que nous ne devons plus revoir sur la terre.

Ami et collègue de M. de Cornulier, j'ai consenti, au nom de tous, amis et collègues, oui, au nom de tous, j'ai consenti à dire adieu à l'homme éminent, à l'honnête homme, au collègue bienveillant et loyal, à l'ami dévoué qui nous a quittés.

Que vous dirai-je, messieurs, que vous ne sachiez déjà, aussi bien et mieux que moi !

Ne sommes-nous pas à Saint-Hilaire-de-Loulay, cette commune qu'il a administrée avec tant de sagesse et de dévouement? Ne sommes-nous pas à Saint-Hilaire-de-Loulay, où la mort de M. de Cornulier est pour chacun un deuil de famille? Depuis quelque temps, Dieu ne nous épargne pas les deuils. Il y a quelques mois à peine, M. de Cornulier, toujours sympathique à ceux qui pleurent, était venu à la Verrie, me consoler, m'offrir de ces paroles qui fortifient les pauvres cœurs blessés, de ces bonnes paroles sorties du cœur et qui vont au cœur ! Puis, à quelques jours de là, c'était à Saint-Julien-des-Landes...

Avant d'être sénateur, M. Auguste de Cornulier s'était, depuis longtemps, préparé, par le travail et le dévouement, à ces nouveaux honneurs qu'il avait toujours fuis. Sénateur de la Vendée, conseiller général de Montaigu, conseiller municipal et maire de Saint-Hilaire-de-Loulay, sur tous les théâtres, sur les plus petits comme sur les plus grands, partout et toujours, M. de Cornulier a été apprécié, estimé, aimé.

Et maintenant, laissons ici de côté tous ces honneurs, toutes ces dignités, tout ce qui brille, tout ce qui met les hommes en évidence et, par cela même, tout ce qui excite si souvent l'envie et l'injustice des hommes ; en un mot, laissons de côté tout ce qui passe ; ne nous arrêtons qu'à ce qui reste. On vous a parlé éloquemment de la vie publique de M. de Cornulier et, du fond de mon cœur, j'ai applaudi discrètement.

Oui, moi aussi, comme vous j'ai connu M. de Cornulier et au Sénat et au Conseil général. Autant que vous tous, plus peut-être encore j'ai vu avec quelle modestie, avec quelle ardeur, M. de Cornulier s'était dérobé aux instantes prières de ses amis ; avec quel désintéressement il avait fui les honneurs, ces honneurs qui le poursuivaient d'autant plus qu'il les fuyait.

Oui, dans nos travaux du Conseil général, dans nos discussions j'ai apprécié, admiré sa grande intelligence, sa compétence incontestée, son inflexible ardeur, quand il s'agissait de faire écouter, de protéger la grande voix du bon sens, de l'honneur, du droit !

Oui, dans toutes les affaires touchant aux droits et aux devoirs des citoyens, aux libertés publiques ou privées, aux doctrines et aux prérogatives du croyant, M. de Cornulier a été dans nos assemblées départementales un collègue distingué, énergique souvent, loyal toujours.

Oui, le vide laissé par sa mort ne se comblera pas !

Connaissance profonde des affaires, logique inflexible, conviction sincère... mais sous cette forme grave, accentuée, vous savez comme moi, vous qui avez été ses collègues, combien adversaires et amis aimaient à reconnaître et à louer l'exquise urbanité, la loyauté du gentilhomme et l'amabilité de l'homme du monde.

Mais, je le répète, tout cela était connu de vous tous et tout cela a été dit éloquemment déjà.

Messieurs, permettez-moi de me souvenir que nous sommes ici dans un cimetière, dans la dernière demeure du chrétien et que je dois, en entrant ici, laisser à la porte de cette enceinte, et nos ardeurs politiques et nos luttes parlementaires et nos querelles de tous les jours. Ici, dans cette demeure de la mort, où l'égalité devant Dieu réclame tous ses droits, je ne veux plus voir, en ce moment, que le chrétien : c'est du chrétien que je veux vous parler...

Mon Dieu, oui, puisqu'ici nous nous devons la vérité, rien que la vérité, pourquoi me tairais-je ? — Un jour, la première fois que je dinai à La Lande, chez l'ami que nous pleurons, nous étions plusieurs invités.

Oh ! je vois encore cette table hospitalière ; chacun était debout à sa place, attendant que le maître de la maison voulut bien s'asseoir, quand le bon châtelain, debout, grave, fait le signe de la croix et à haute voix récite sa prière du *bénédicite,* sans forfanterie, comme sans faiblesse... Eh ! bien oui, je l'avoue, ce tableau, ce patriarche, ce père de famille, tout cela m'est resté gravé dans l'esprit... Eh ! bien oui, de ce jour, je compris, j'admirai cet homme qui, bienveillant pour les autres, simplement, noblement, ne sortait pas devant nous de son ordinaire. Oui, me dis-je, l'homme qui a ce courage doit avoir tous les courages : il fera son devoir. Et vous savez tous comme moi si au Sénat, au Conseil général, ici, partout il a fait son devoir !

Dieu qui nous jugera un jour ne nous demandera pas si nous avons été sénateurs, députés, conseillers; si les honneurs nous ont été donnés, prodigués ; mais il nous demandera si, au milieu de ces honneurs et de ces dignités mondaines, nous avons conservé intactes, hautes et fières nos croyances de chrétien.

M. de Cornulier fut l'homme du monde plein de courtoisie et d'urbanité vis-à-vis des autres, respectant la liberté de ses voisins, mais entendant bien faire respecter la sienne. Voilà l'homme que j'ai connu, respecté, aimé.

Voilà l'homme, voilà le chrétien que je suis venu accompagner à sa dernière demeure et pour lequel je suis venu prier.

Cher collègue, adieu ! au revoir !

DISCOURS

DE

M. LEFEUVRE

Adjoint de Saint-Hilaire-de-Loulay

Messieurs,

Quelques mots seulement, au nom de cette population si émue de Saint-Hilaire-de-Loulay, pour dire un dernier adieu à son digne et excellent maire qu'elle aimait tant.

Associé à lui, dès l'origine, dans sa longue administration de la commune, il ne m'appartient pas de vous parler de tout ce qu'il a fait pour Saint-Hilaire ; qu'il me soit pourtant permis de vous en donner ici l'assurance, en présence de tous ceux qui nous ont aidés dans notre administration, nul plus que M. de Cornulier n'a été dévoué à sa commune ni soucieux de ses intérêts.

Mais ce que je tenais, avant tout, à vous dire, mes bons amis, c'est l'affection qu'il vous portait à tous, et que vous ne faisiez que justice en lui rendant.

Vous connaissant mieux que nul autre, et par la nature de son esprit, et par l'existence qu'il avait toujours menée parmi vous, il ne désirait que votre bien ; il vous voulait fermes dans votre foi, fermes dans vos labeurs ; respectés dans vos familles ; bons aux pauvres ; serviables et tolérants entre voisins. Partout la paix, partout l'unisson. Le procès, la chicane, ont-ils jamais trouvé un adversaire plus déterminé ? — Aussi quels bons conseils ne veniez-vous pas sans cesse lui demander ! Que de difficultés n'a-t-il pas arrangées entre vous !

Enfin, mes bons amis, comme vous, il aimait tant sa commune et son clocher que, malade, il n'avait qu'un vœu, qu'un désir, celui de pouvoir revenir parmi nous. La mort nous l'a rendu, mais Dieu lui aura tenu compte de ce dernier sacrifice.

Adieu ! mon cher monsieur Auguste (comme nous vous appelions tous) adieu ! votre dévouement à votre pays a déjà reçu sa récompense. Nous, nous conserverons tous de vous un long et pieux souvenir qui nous fortifiera dans l'accomplissement de nos devoirs.

La Roche-sur-Yon. — Imp. Ve E. Ivonnet.

18 FÉVRIER 1886

www.ingramcontent.com/pod-product-compliance
Ingram Content Group UK Ltd.
Pitfield, Milton Keynes, MK11 3LW, UK
UKHW021927190726
13853UKWH00002B/902